Günter Goepfert
Wir sind in guten Händen

Günter Goepfert

Wir sind in guten Händen

Fotografie: Rolf Blesch, Wolfgang Ehn, Klaus G. Förg,
Andreas Gassner, Udo Haafke,
Thomas Jungmann, Gerhard Meier, Bernd Römmelt,
Roland Schick und TIPHO Bildarchiv

rosenheimer

Inhalt

Mit jedem Lächeln   6
Zum Jahreswechsel   8
Stille Einkehr   10
Winterfreuden   12
Heimat der Seelen   14
Ruf der Kindheit   16
Vorfrühling   20
Die Sehnsucht   22
Wenn's Frühling wird   24
Freu dich!   26
Dank   28
Ostern   30
Allheilmittel Glück   32
Schönheit   34
Löwenzahn   36
Festlichkeit des Herzens   38
Mein Garten ist mein Paradies   40
Vorsommer   42
Ein Funke ist's   44
Ein Sommertag   46
Die Macht der Schutzengel   48
September   50
Im Wandel reifen   52
Trost   54
Wenn die Hoffnung nicht wär   56
Glaube ist Gnade   58
Christnacht   60
Ein ganzes Jahr   62

Mit jedem Lächeln

Mit jedem Lächeln,
das wir verschenken,
bauen wir Brücken
der Menschlichkeit.

Zum Jahreswechsel

Vergiss die Angst
und alle Zwänge,
vermeid das Kleinliche
und Enge,
und lass der Hoffnung
freien Lauf!
Verharre nicht
auf dunkler Schwelle,
glaub an das Wahre
und das Helle,
und schließ dich froh
dem Neuen auf!

Stille Einkehr

Kehr bei dir ein;
jetzt ist die Zeit des großen Reifens,
des leisen Ineinandergreifens
von Freud und Pein.

Sei drauf bedacht,
nach noch so sonnengoldnen Tagen
hörst du von fern ein Käuzlein klagen
in früher Nacht.

Sei dir bewusst,
allem ist Wandel eingegeben;
nichts hat Bestand in diesem Leben,
nicht Schmerz, nicht Lust.

Was bringt die Zeit?
Du wirst wohl keine Antwort finden –
selbst wenn die letzten Nebel schwinden.
Sei stets bereit …

Winterfreuden

Es ist ein brueghelhaftes Bild:
die Schlittschuhläufer auf dem Eis,
am Hang die Rodler, lusterfüllt,
raureifverbrämt jedweder Reis!

Der Winter lockt hier Alt und Jung.
Die Skier haben leichtes Spiel;
beschwingt und voll Begeisterung
scheint ohne Mühe jedes Ziel.

Bis zu den Alpen schweift der Blick …
Doch sind nicht trüg'risch Raum und Zeit?
Oft birgt die Nähe auch das Glück:
Doch schnell! – Der Föhn ist nimmer weit!

Heimat der Seelen

Nach Liebe dürsten unsre Seelen,
nach Harfenspiel und Sphärenklängen,
die, eingewoben in Gesängen,
uns mit dem Ewigen vermählen.

Wer trüge nicht in sich das Wissen,
dass Hass und Chaos uns verderben
und wir, durch eine Welt von Scherben,
in ein Inferno stürzen müssen?!

Drum lasst uns jene Ziele wählen,
die uns mit Zuversicht belohnen,
wo Heiterkeit und Güte thronen.
Dort sind zu Hause unsre Seelen.

Ruf der Kindheit

Oft denkst du nach,
weil etwas du vermisst:
Ruft dich der Bach,
der ein Stück Kindheit ist?

Winkt dir der Baum,
der sich im Nachtwind neigt?
Suchst du den Traum,
der dir die Mutter zeigt?

Ist es der Mann,
der seine Orgel dreht,
ein Bräugespann,
das vor dem Wirtshaus steht?

Ist es der Pfad,
der zu den Auen führt,
ein Sonnenrad,
das eine Herberg ziert?

Lauschst du dem Klang,
der aus der Tiefe dringt,
dem Ruf so bang,
der dich zum Seufzen zwingt?

Oft liegst du wach,
weil etwas du vermisst.
Denke nur nach,
ob es die Kindheit ist!

Vorfrühling

In allen Gärten blühn
die weißen Märzenglöckchen,
viel tausend Krokusse
tupfen die Wiesen bunt.
Die Bienen schmücken sich
mit pollengoldnen Röckchen;
denn auch der Haselstrauch
lockt längst nicht ohne Grund.

Die Meisen schaukeln
in den kahlen Birkenzweigen;
schon weckt ihr Ruf
das Echo muntrer Zweisamkeit.
Die Primeln drängt es,
sich verheißungsvoll zu zeigen:
Wohlan, seid fröhlich;
jetzt beginnt die gute Zeit!

Die Sehnsucht

Wie ein Strahl ist die Sehnsucht,
der das Herz brennend macht;
es verglüht fast vor Liebe
jeden Tag, jede Nacht.

Wie ein Schrei ist die Sehnsucht,
der die Stille durchbricht,
wie ein Lied ohne Worte
zwischen Glück und Verzicht.

Und wohin führt die Sehnsucht:
in ein dunkles Verlies?
Doch vielleicht auch schon morgen
in *das* Traumparadies!

Wenn's Frühling wird

Schon tut sich auf die lichte Zeit
im Jubellied der kleinen Meisen,
in sehnsuchtsvollen Amselweisen,
in linder Sonnenzärtlichkeit.

Am Waldrand schmilzt der letzte Schnee
und im Gebüsch blüht schon das Veilchen.
Es währt nur noch ein kleines Weilchen,
dann ist vom Eis erlöst der See.

Schon schwatzt der erste Star im Baum.
Ein Falter taumelt durch die Gassen,
als könnte er es noch nicht fassen,
dass ihn berührt des Frühlings Saum.

Schon tut sich auf die lichte Zeit
im leisen Lied verliebter Herzen,
und alle Wege führ'n im Märzen
zur gold'nen Sonnenseligkeit.

Freu dich!

Freu dich und vertrau!
Über dir im Blau
ein weißes Wölkchen schwebt.
Sacht fällt im Tal der Tau …
Freu dich, *wie* alles lebt!

Dank

Mit jedem Spross und jeder Blüte,
mit jedem neu erwachten Tag
zeigt Gott uns seine große Güte
und was sein Geist für uns vermag.

Mit jeder Wolke hoch im Blauen,
mit jedem Vogelruf im März
mahnt Gott uns, gläubig zu vertrauen,
und öffnet uns sein liebend Herz.

Mit jedem Berg und jeder Quelle,
mit allem, was den Sinn erquickt,
schenkt Gott das Lichte und das Helle.
Dank ihm, der uns zutiefst beglückt!

Ostern

Der Lerchen Geläut
schwingt froh sich empor.
Von gestern zum Heut
spannt licht sich ein Tor.
Im Bachgrund die Weide
zeigt grün sich und sacht.
In wolkiger Seide
die Lenzsonne lacht.
Voll atmendem Leben
ist jede Gebärde.
Im Werden und Geben
tut auf sich die Erde.

Allheilmittel Glück

Ich wünsch dir Glück
in allen Lebenslagen;
von Herzen Glück,
doch will noch mehr ich sagen:

Ich wünsch dir Mut
zu heiterem Gebaren;
von Herzen Mut
in allen Lebensjahren.

Ich wünsch dir Kraft,
die Sorgen zu vertreiben;
von Herzen Kraft,
um glücklich stets zu bleiben.

Schönheit

Jede irdische Schönheit
weckt in uns die Ahnung an die
himmlische Herrlichkeit
und Vollkommenheit.

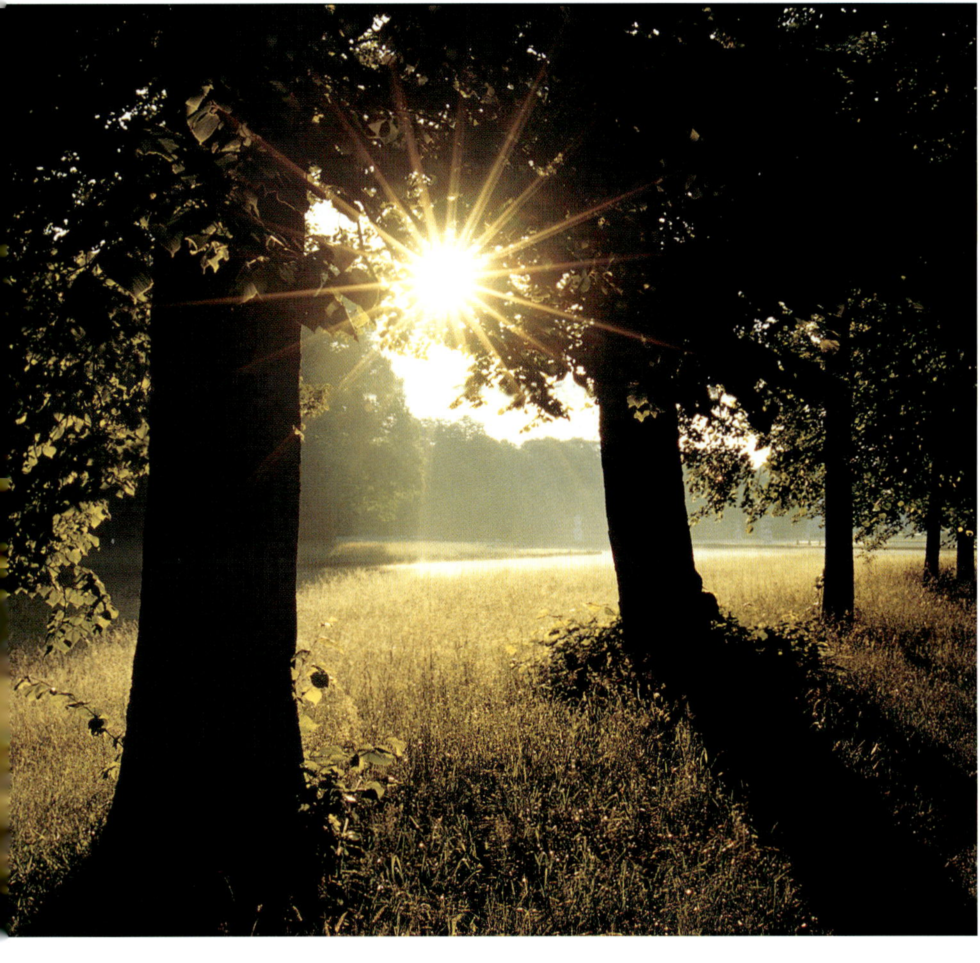

Löwenzahn

Wie kann man »Löwenzahn« ihn heißen?!
Mir scheint der Name ganz verkehrt.
Dem »Löwen« will den »Zahn« ich reißen;
nicht länger soll das Wort mich beißen,
weil es mir Skrupel nur beschert.

Ich nenn die Blüten »Maidukaten«,
Lenztaler mit dem Strahlenkranz!
Sind sie nicht wunderbar geraten:
ein Echo sonniger Kaskaden,
erfüllt vom honigwarmen Glanz?

Ja, Frühlingsgold liegt auf den Wiesen
in astronomisch großer Zahl.
Mich drängt es, diesen Schatz zu grüßen,
dies Leuchten, Duften zu genießen.
Dank sei dem Schöpfer tausendmal!

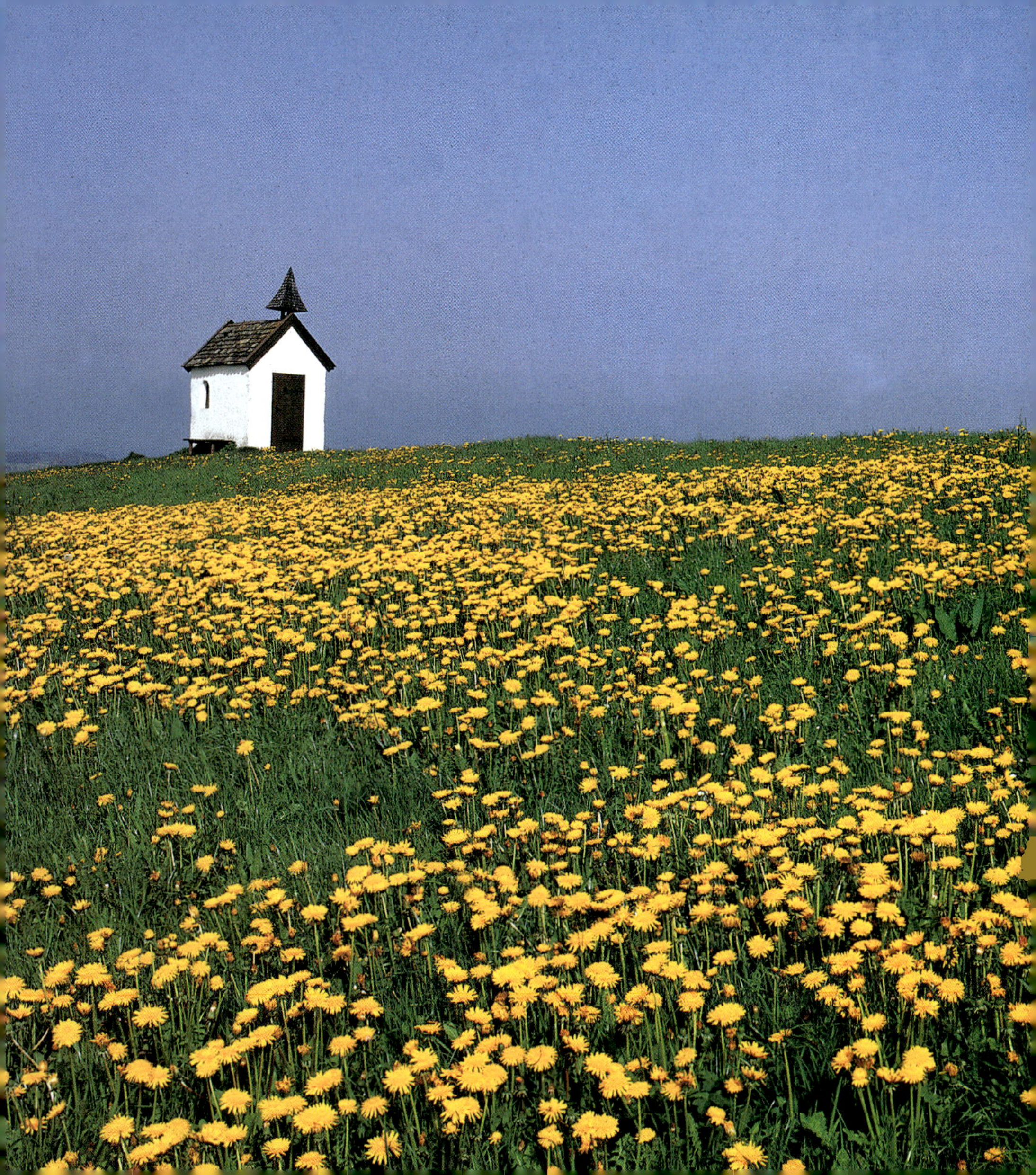

Festlichkeit des Herzens

Ahnst du es wohl,
wie Festlichkeit des Herzens ist?
Dich peinigt nicht das Ungefähre,
du kennst nicht Trübnis, Angst und Leere.

Fühlst du es nicht,
wie sehr du Teil des Ganzen bist,
wie leicht dich alle Sphären tragen
und lichte Wesen nach dir fragen?

Ist dir vertraut,
wie froh sich alles Sein erschließt
im wundersamen, hehren Singen,
im Einssein selbst mit fernsten Dingen?

So ahnst du wohl,
wie Festlichkeit des Herzens ist.

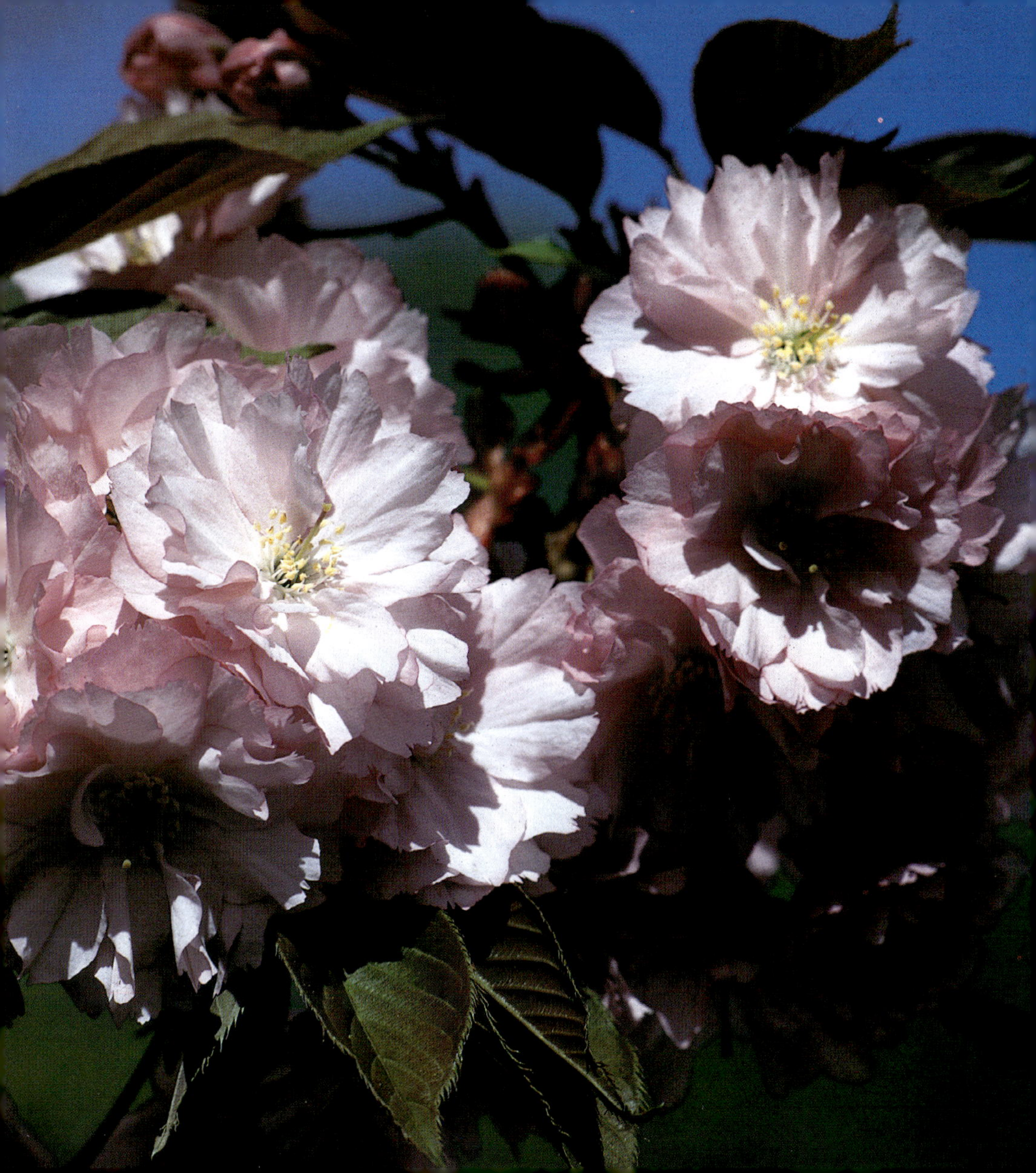

Mein Garten ist mein Paradies

Mag mich die laute Welt auch schelten,
mit Unrast mir die Ruh vergelten,
das eine ist mir stets gewiss:
Mein Garten ist mein Paradies.

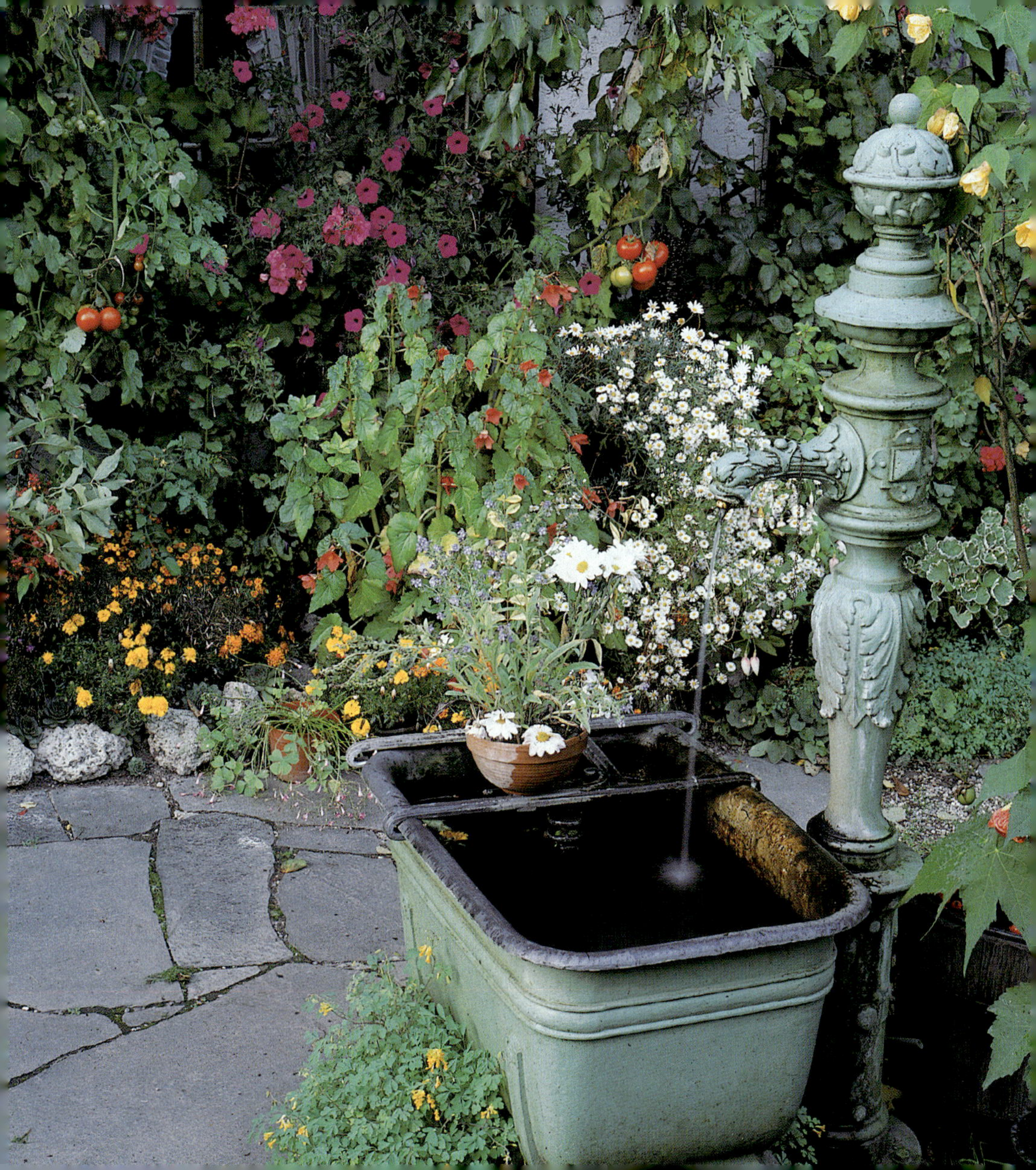

Vorsommer

Ein Junitag
voll seidig weichem Weben:
Auf grünem Hang
herrscht tausendfaches Leben.

Die Düfte schwer
aus Wäldern, Fluss und Auen;
von Süden her
ein Wölkchen tanzt im Blauen.

Was ist es nur?
Ich kann es nicht erklären;
denn meine Spur
verliert sich in den Ähren.

Im Sonnenspiel
beginnt mein Sinn zu taumeln.
Und mein Gefühl? –
Das lass ich einfach – baumeln …

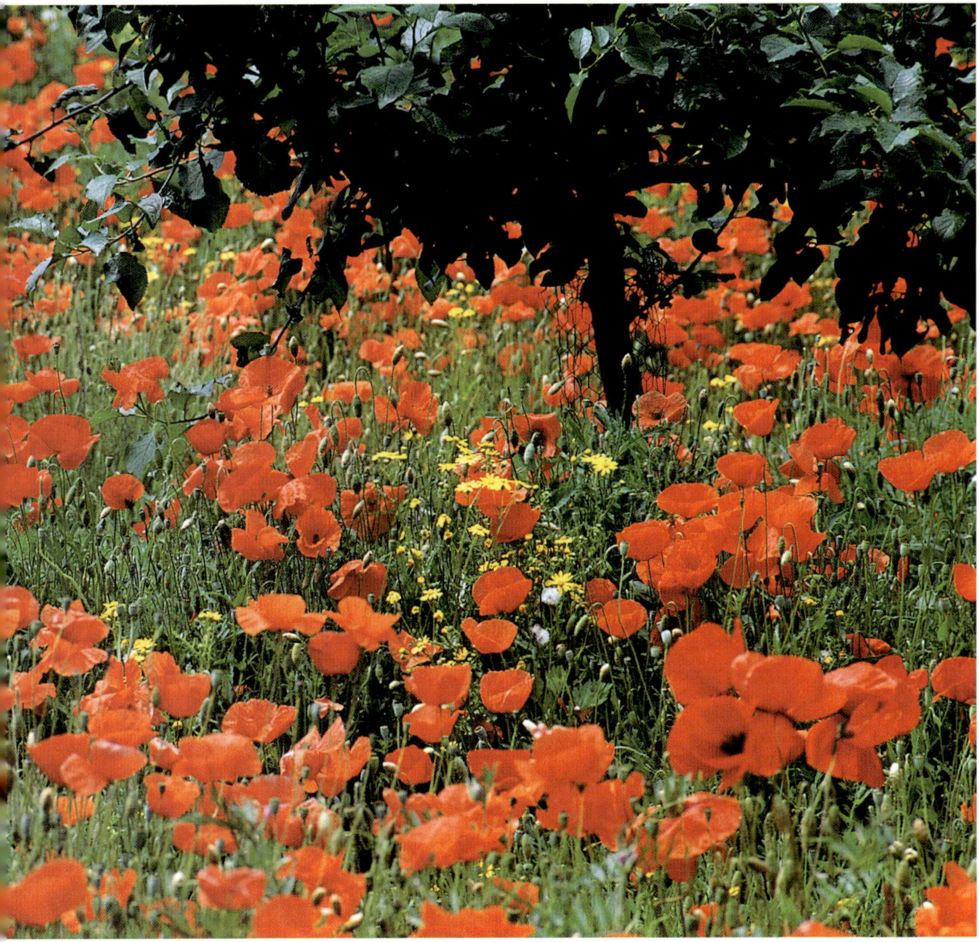

Ein Funke ist's

Woher wir sind, wohin wir gehn,
wo einst die Seelen wohnen? –
Zieht sie's zur Tiefe, zu den Höhn?
So viele bange Fragen stehn
im Raume seit Äonen.

In Schicksalsnächten voller Pein,
im Zweifel der Gedanken,
sind wir mit unserm Geist allein;
er mahnt, dem Glauben uns zu weihn,
und führt uns, wenn wir wanken.

Ein Funke ist's, der uns beseelt:
Nur Demut kann uns leiten,
weil sie den rechten Weg nie fehlt
und stets den Pfad zur Gottheit wählt
im Wandel aller Zeiten.

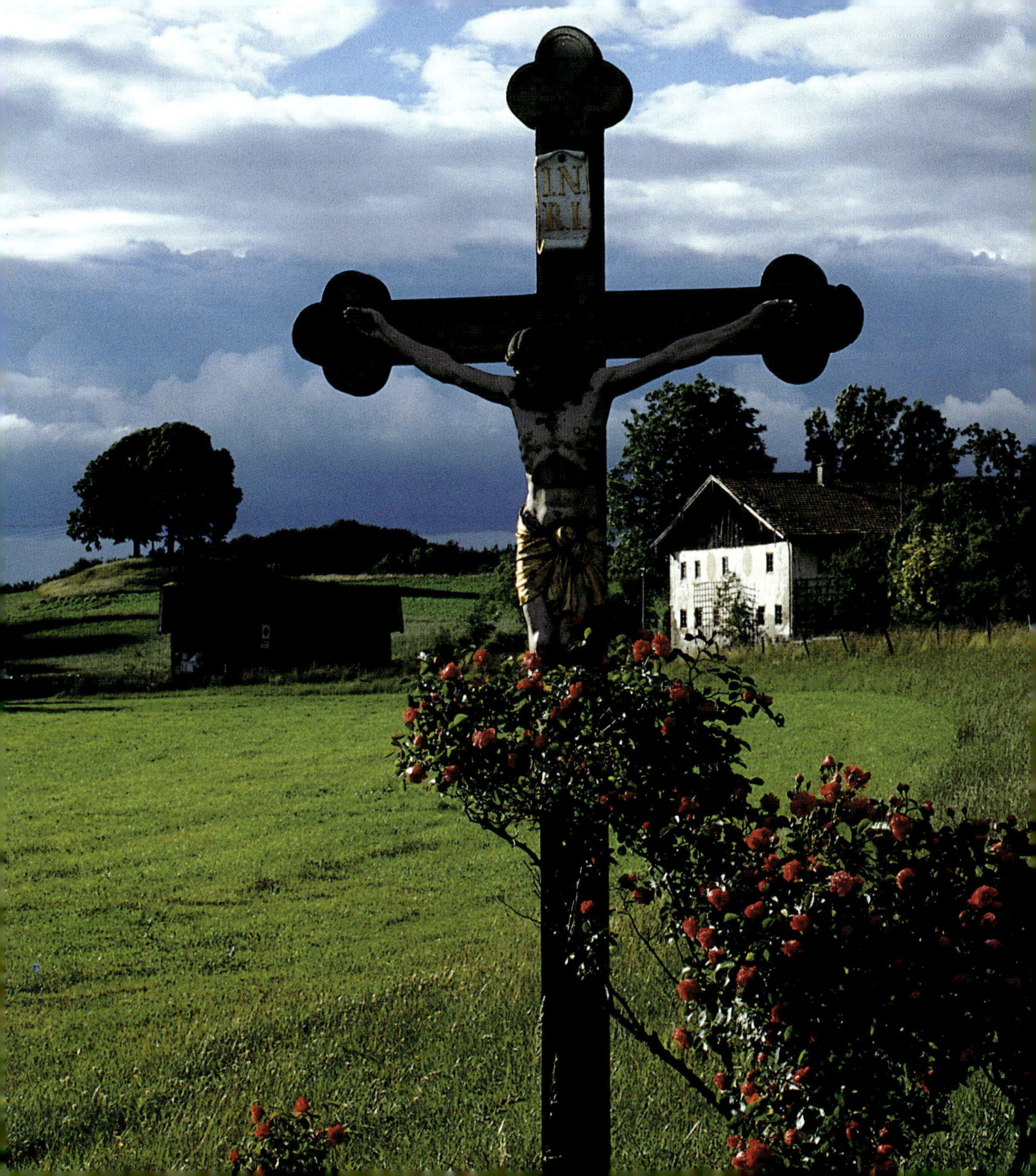
I.N.
R.I.

Ein Sommertag

Die Sonne steht
goldstrahlend überm Auenwald.
Bienengesumm erfüllt die Hald.
Der Südwind weht.

Er schließt voll Mut
das Tor zu allen Freuden auf
und schenkt im nimmermüden Lauf
des Sommers Glut.

Ein Meer von Duft:
Jasmin- und Lindenblütenhauch,
Lavendel, Nelken, Geißblatt auch
würzen die Luft.

Und trunken schmiegt
sich Ähr an Ähre auf dem Feld.
Am hohen, blauen Himmelszelt
ein Wölkchen fliegt.

Wie leicht es schwebt!
Weist es uns in ein Wunderland,
ist's mit der Illusion verwandt,
die ewig lebt?!

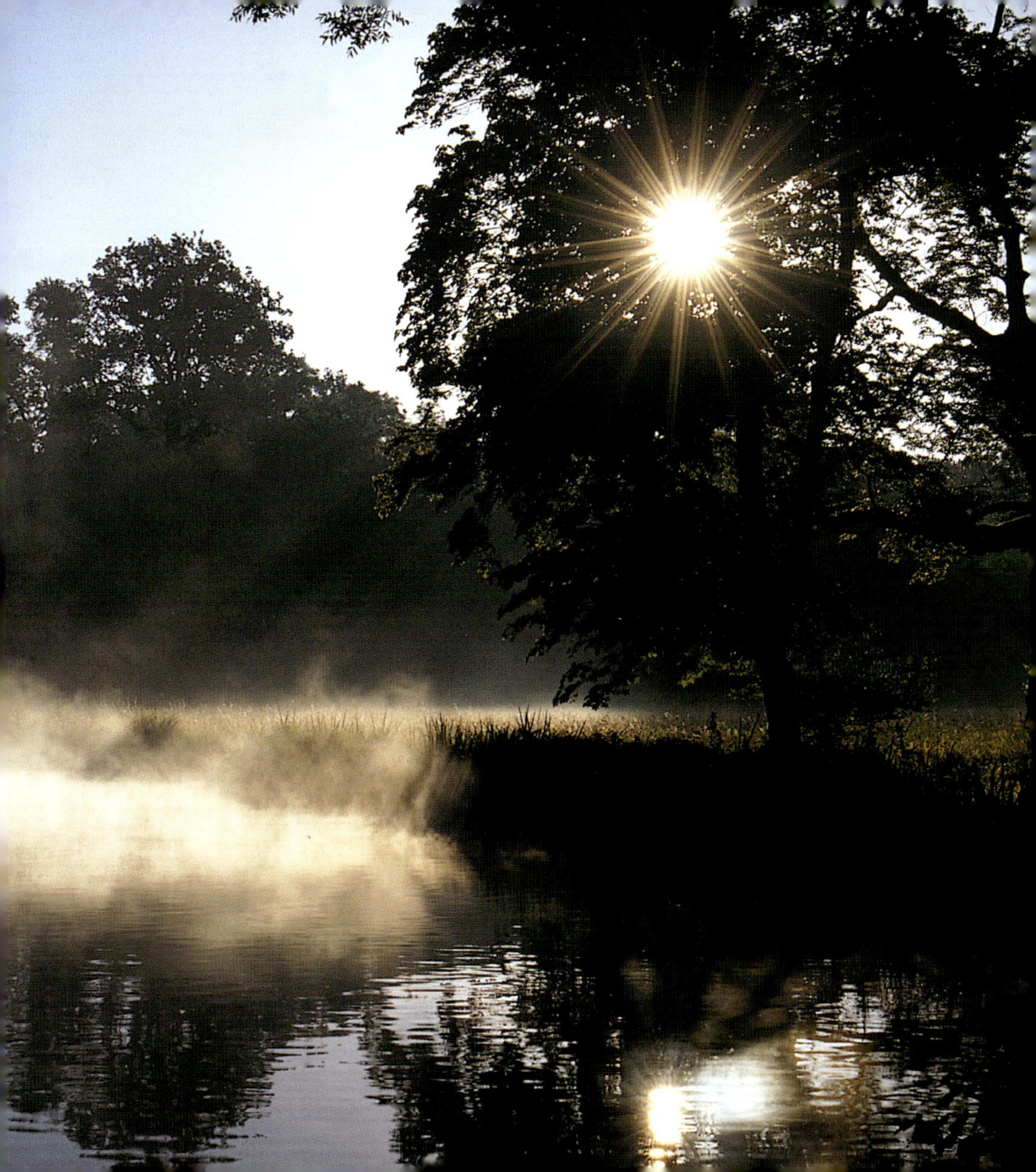

Die Macht der Schutzengel

Nicht leicht ist es,
an ihre Macht zu glauben;
in unserm Ohr,
dem ach so irdisch-tauben,
verhallt ihr Mahnen ungehört.
Die laute Welt ist's,
die den Einklang stört,
und Zweifel sind es,
die die Einsicht rauben.

Doch sei getrost.
Im sachten Tieferloten
eröffnen dir
die lichten Himmelsboten
das Paradies, das hier
auf Erden schon beginnt.
Wenn manches Scheinglück
dir auch über Nacht zerrinnt;
Schutzengel dienen
göttlichen Geboten!

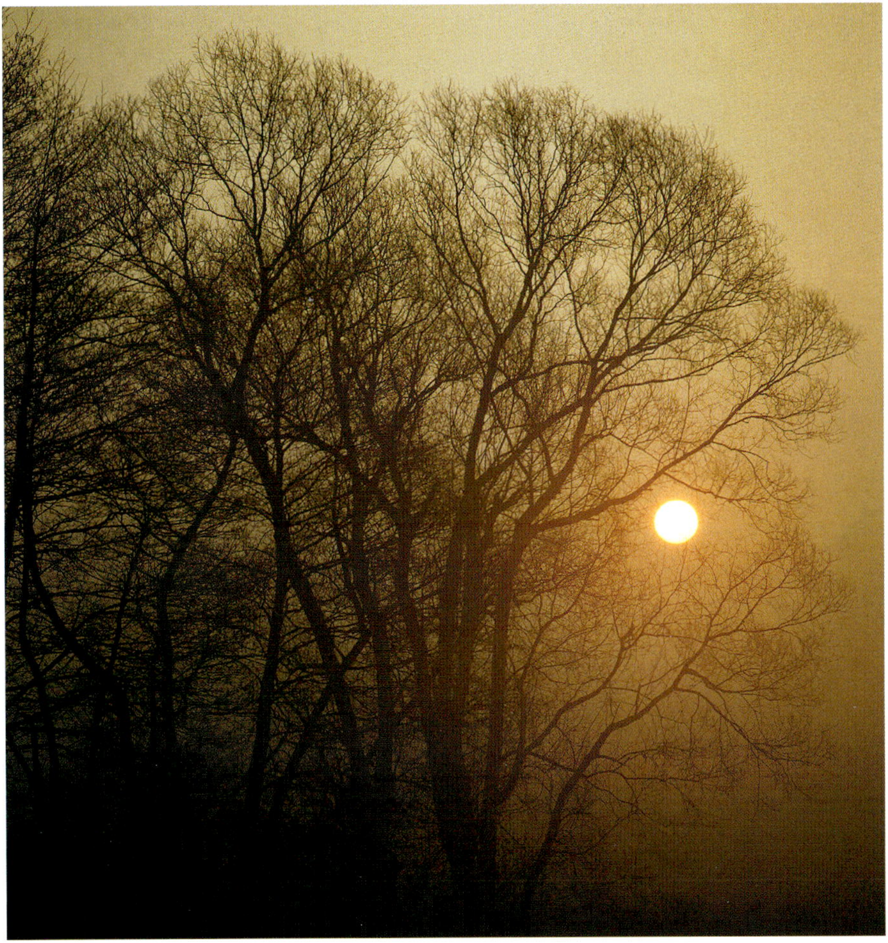

September

Die Astern blühn. Das Heidekraut
verrät, was keiner glauben will:
Macht mit dem Scheiden euch vertraut;
der Sommer geht, der Herbst kommt still.

Der Apfel reift, die Traube glüht
im Licht der schrägen Sonnenbahn.
Die Schatten streifen das Gemüt:
Der Sommer geht, der Herbst fängt an …

51

Im Wandel reifen

Oft werden Stunden zur Tortour,
wenn Fährnisse uns plagen.
Es scheint, als bliebe eines nur,
zu stöhnen und zu klagen.

Was zählt am Ende als Gewinn,
wenn alles wird zur Hürde?
Wir fragen nach des Lebens Sinn,
gebeugt von Angst und Bürde.

Doch »Torheit« ist dies Ungemach,
so wollen wir es nennen;
denn denken wir nur ernsthaft nach,
bringt Licht uns das Erkennen.

Das Gute ist nicht gar so rar;
oft wird erfüllt das Sehnen.
Mehr schöne Stunden schenkt das Jahr,
als wir im Unglück wähnen.

Der Herrgott stellt uns stets zur Wahl,
die Schatten zu begreifen.
Er, der uns liebt, will allemal,
dass wir im Wandel reifen.

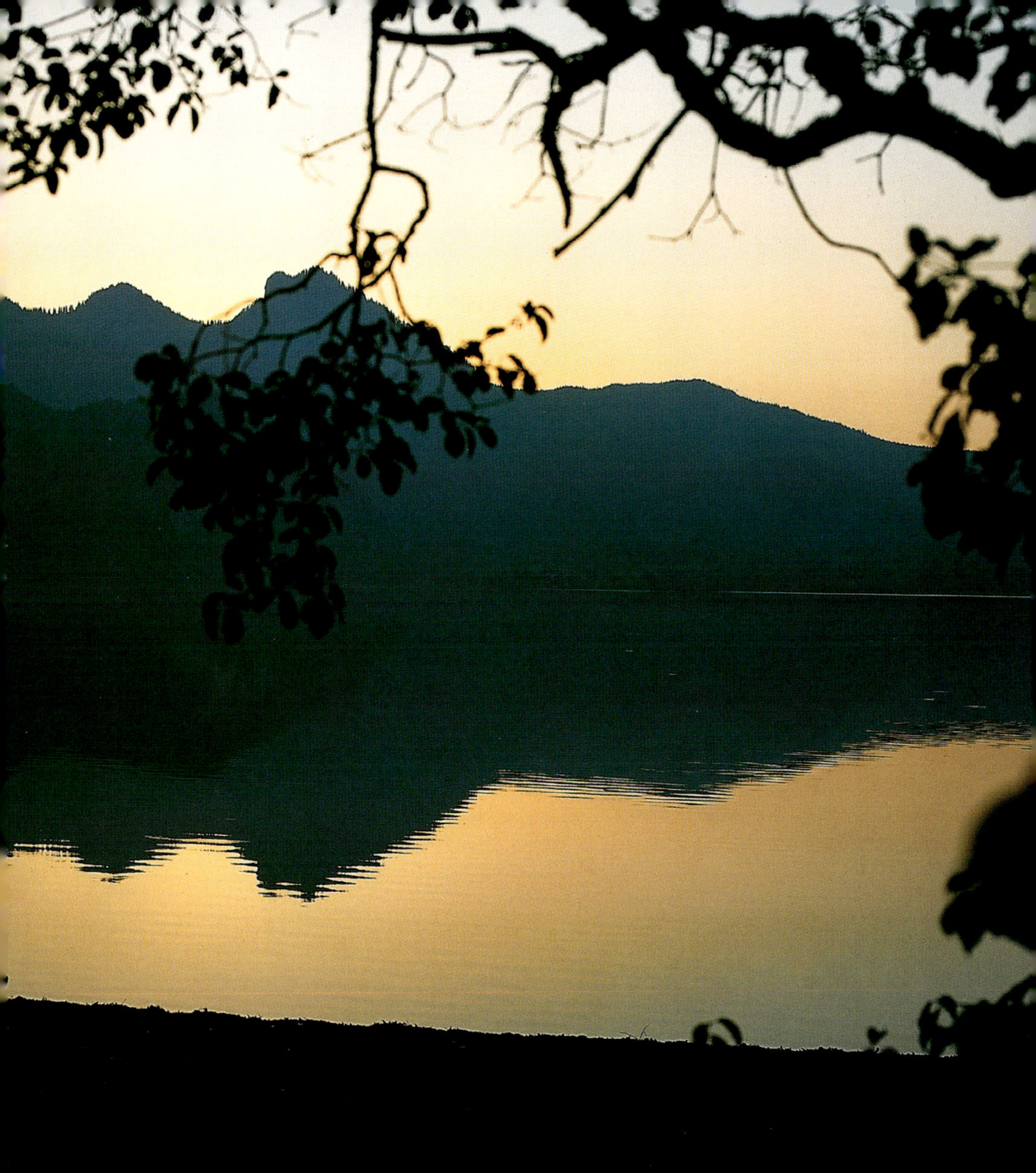

Trost

Seit die Welt besteht
Gott das Leben sät.
An das Riff der Zeit
branden Lust und Leid.

Wer fragt nach dem Sinn,
wo treibt es uns hin?
Strände gibt es viel;
wann sind wir am Ziel?

Wer reicht uns die Hand?
Fern scheint oft das Land …
Trost bleibt im Gebet;
es ist *nie* zu spät!

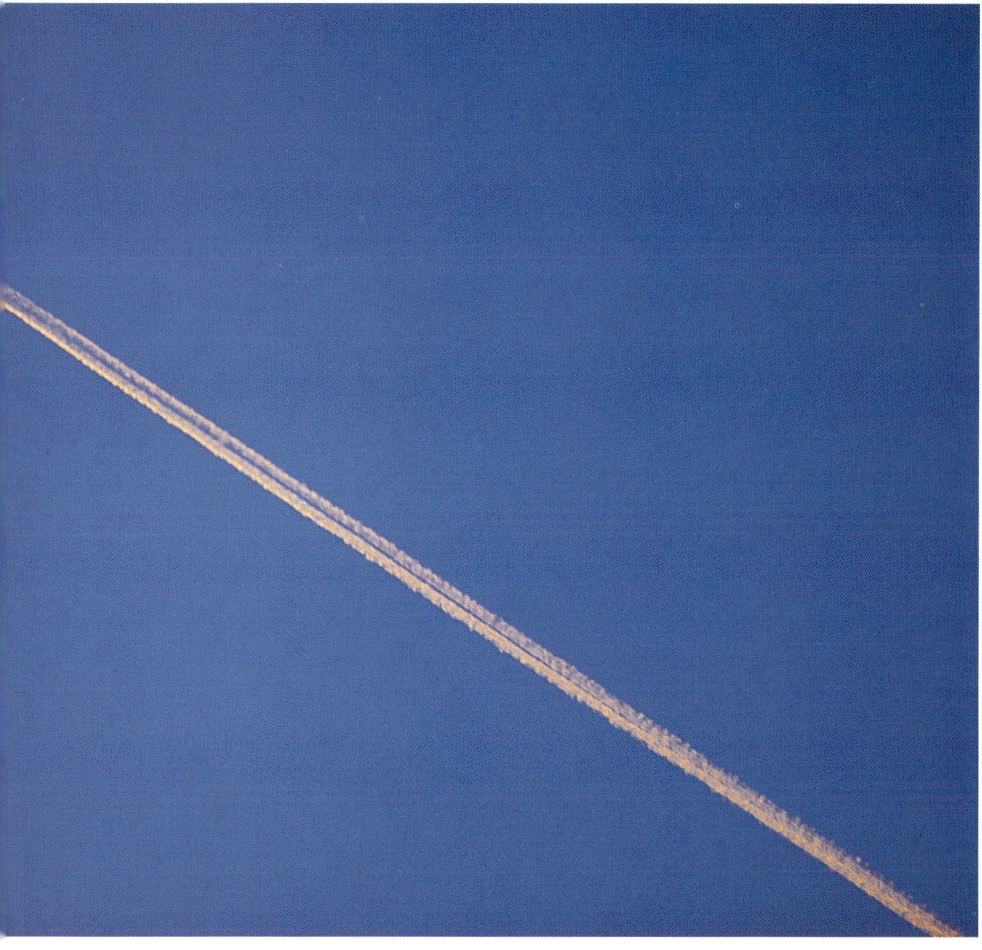

Wenn die Hoffnung nicht wär

Wie oft scheint die Welt
dir so trüb und so leer –
Nimms nicht so schwer!

Wie oft plagen Angst dich
und Krankheiten sehr –
Nimms nicht so schwer!

Wie oft schleichen Sorgen
und Not hinterher –
Nimms nicht so schwer!

Wie oft sagst du bitter:
Ich find kein Gehör –
Nimms nicht so schwer!

Doch was wär alle Pein,
wenn die Hoffnung nicht wär –
Pfleg sie noch mehr,
pfleg sie noch mehr!

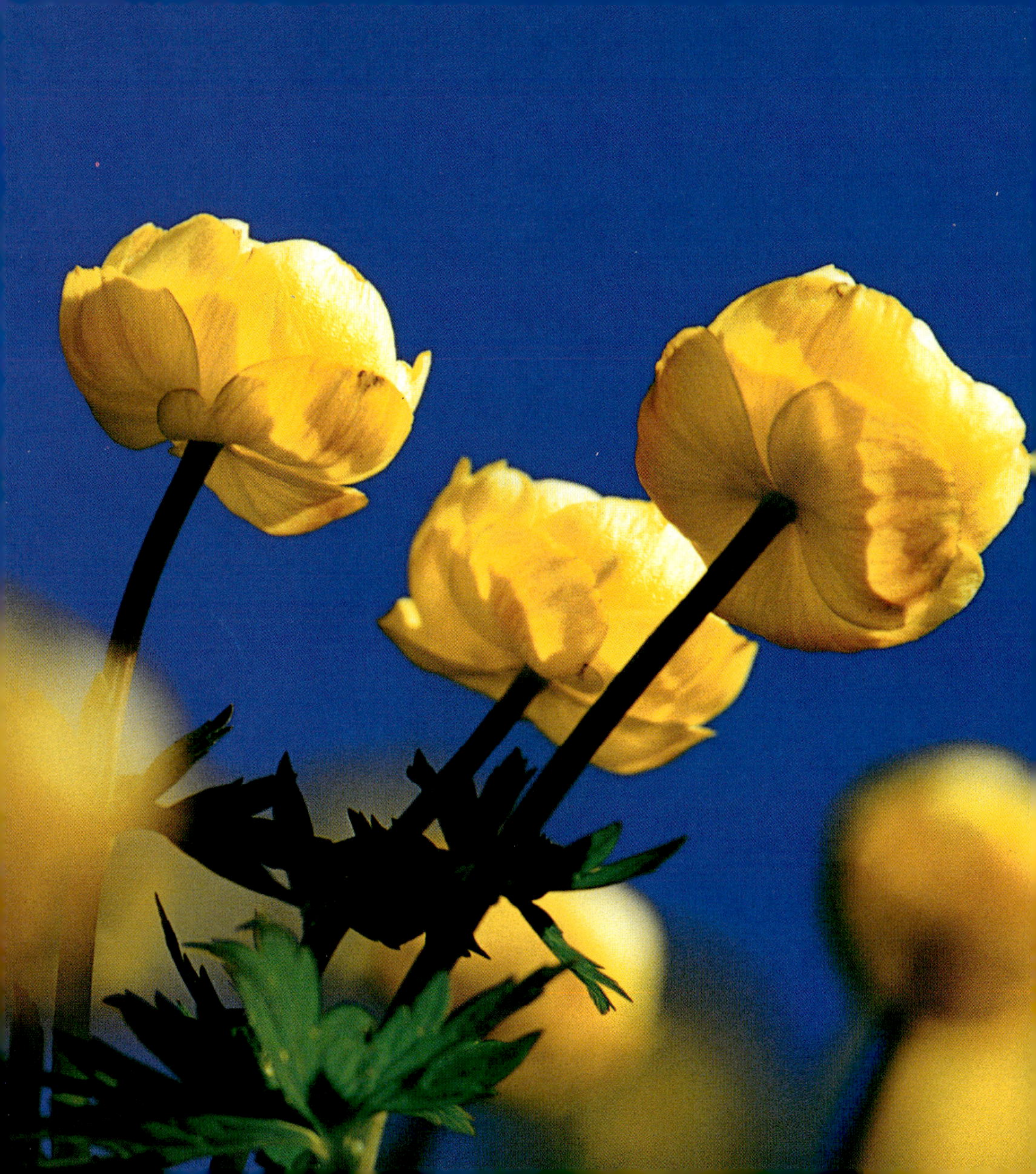

Glaube ist Gnade

Glaube ist Gnade,
Zufriedenheit ist Glück.

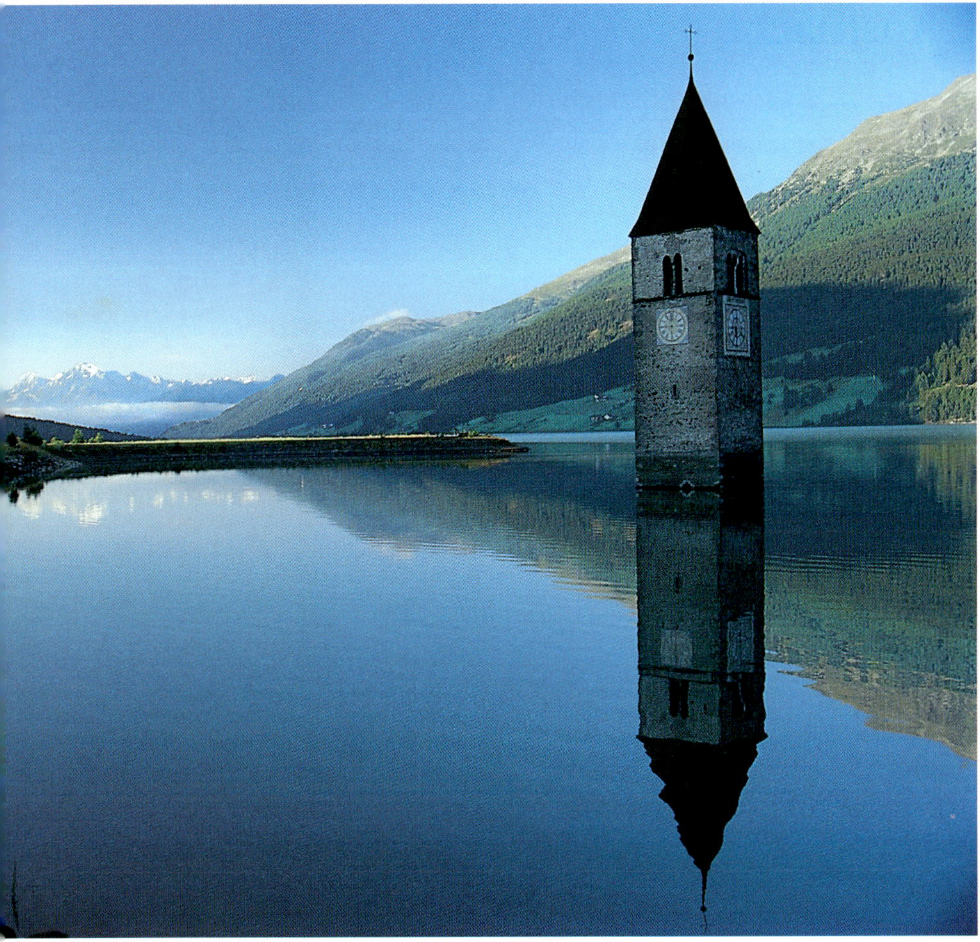

Christnacht

Um Mitternacht
trat ich voll Staunen vor die Tür;
der Himmel strahlte über mir
in stiller Pracht.

Zur Ewigkeit
wies aller Sterne ferner Lauf.
Mir schien, sie nähmen sacht mich auf
in ihr Geleit.

Und EINE Macht
hab ich in diesem Glanz erkannt:
Gott hat uns SEINEN Sohn gesandt
zur Heil'gen Nacht.

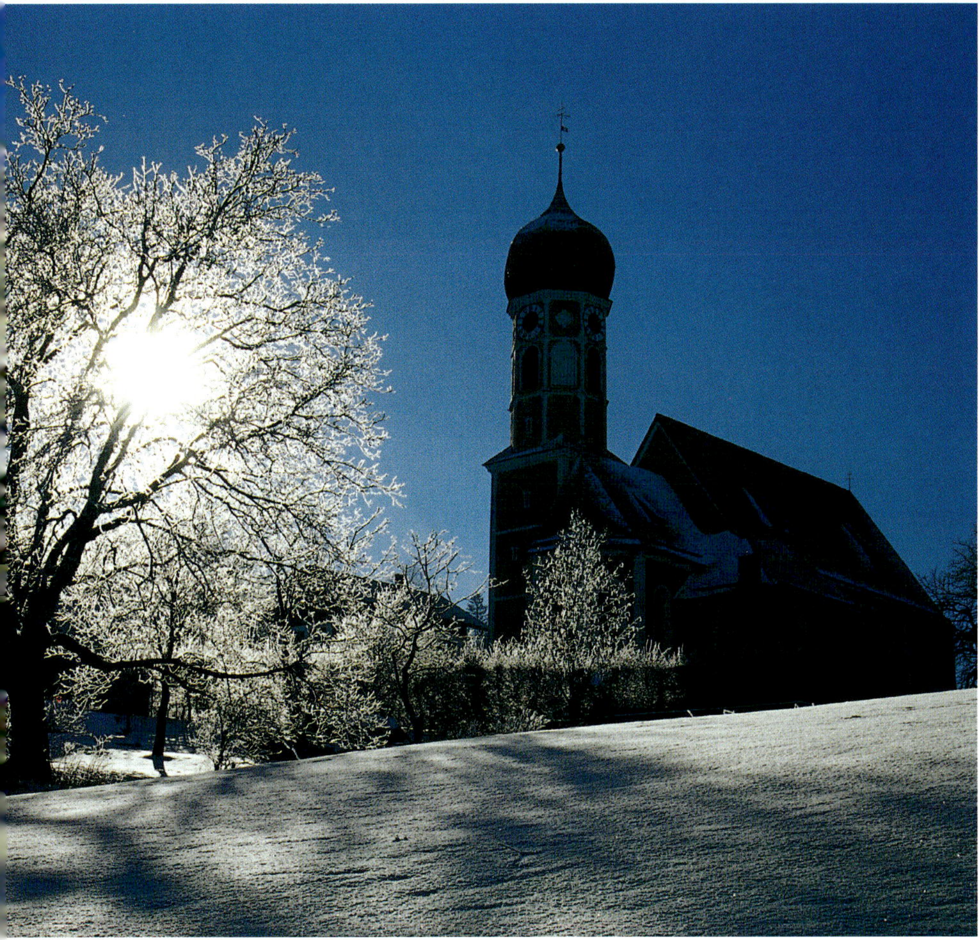

Ein ganzes Jahr

Ein ganzes Jahr
ging über unser Leben hin.
Es brachte Fortschritt und Gewinn,
doch auch Gefahr.

Ein ganzes Jahr
gab uns das Schicksal das Geleit
und war, trotz mancher Schmerzlichkeit,
oft wunderbar.

Ein ganzes Jahr
hat uns bewegt in Freud und Leid.
Dank sei dem Schöpfer für die Zeit –
so, wie sie war …

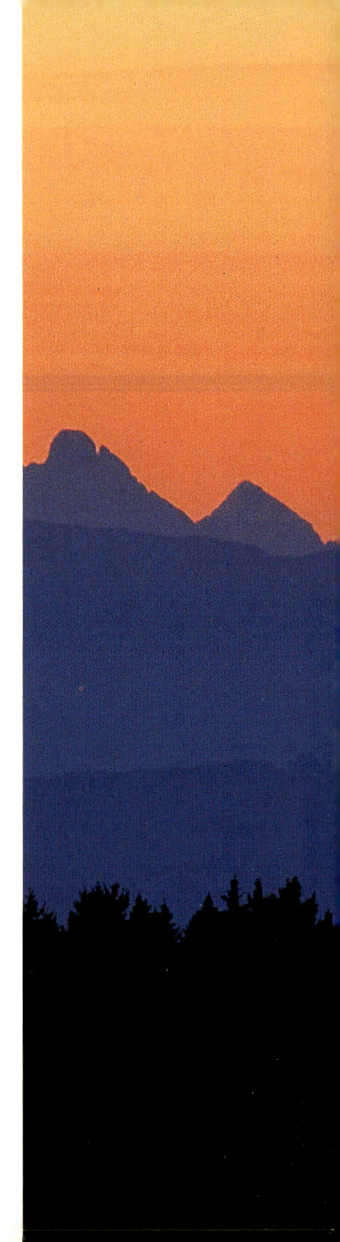

© 2002 Rosenheimer Verlagshaus GmbH & Co. KG, Rosenheim

Fotografie:
Rolf Blesch, Utting: S. 12/13, 16/17, 20/21, 33, 37, 38/39, 41, 52/53
Wolfgang Ehn, Mittenwald: S. 22/23
Klaus G. Förg, Rosenheim: S. 50/51, 54/55
Andreas Gassner, Braz: S. 1
Udo Haafke, Ratingen-Lintorf: S. 18/19
Thomas Jungmann, Landsberg: S. 15, 45, 58/59
Gerhard Meier, Gollenshausen: S. 28/29
Bernd Römmelt, München: Titel, S. 2, 4, 6/7, 9, 10/11,
25, 26/27, 34/35, 46/47, 57, 60/61, 62/63
Roland Schick, Innsbruck: S. 30/31
TIPHO Bildarchiv, Altleiningen: S. 42/43, 49

Seitenlayout und Satz: Buch-Werkstatt GmbH, Bad Aibling
Druck und Bindung: L.E.G.O., Vicenza
Printed in Italy

ISBN 3-475-53350-2